Michael Martin   Daniela Schetar

Südliches Afrika

Südliches Afrika

Unterwegs in Namibia, Botswana und Südafrika

Fotos: Michael Martin, Katja Kreder

Text: Daniela Schetar

rosenheimer

ANGOLA
SAMBIA
Sambesi
Okavango
Ondangwa
Livingstone
Caprivi
Viktoria-Fälle
HARARE
Etoscha Nationalpark
Chobe Nationalpark
Tsodilo Hills
Okavango-Delta
SIMBABWE
Umtali
Beira
Aha Hills
Maun
Nata
Bulawayo
Simbabwe Ruinen
Torra Bay
Khorijcas
Groot Waterberg
Makgadikgadi Pans
Damaraland
NAMIBIA
Ghanzi
Rakops
Orapa
Francistown
Kreuzkap
Swakopmund
Walvis Bay
Khomas Hochland
Windhuk
BOTSWANA
Limpopo
MOÇAMBIQUE
Namib
Namib Naukluft Park
Kalahari
Pietersburg
Kruger Nationalpark
Schwarzrand
Nossob
Gemsbok Nationalpark
Gaborone
Mariental
Transvaal
Lobatse
Pretoria
Helmeringhausen
Krugersdorp
JOHANNESBURG
Maputo
Lüderitz
Keetmanshoop
Molopo
SWAZI-LAND
Vereeniging
Huib Hochplateau
Atlantischer Ozean
Welkom
Bethlehem
Upington
Kimberley
Oranje-Freistaat
Ladysmith
Natal
Oranje
Port Nolloth
Bloemfontein
LESOTHO
Pietermaritzburg
Durban
Namakwaland
SÜDAFRIKA
Umtata
Port St. Johns
Indischer Ozean
Kapprovinz
Saldanha
Worchester
Oudtshoorn
Grahamstown
East London
KAPSTADT
Paarl
Port Elizabeth
Kap der Guten Hoffnung
SCHRANK
250 km

Inhalt

7 Südliches Afrika
eine Reise durch die Geschichte

17 Südafrika
Land am Kap der Guten Hoffnung

41 Botswana
Das Okavango-Delta – Vom Zauber des Wassers

63 Namibia
Herbes Paradies am Atlantik

Südliches Afrika
Eine Reise durch die Geschichte

Abendstimung über der Kalahari: Wie ein weicher, feuerroter Luftballon schwebt die Sonne über dem Horizont. Dornbüsche und Affenbrotbäume beginnen in der flirrenden Luft einen geheimnisvollen Tanz, dabei biegen sie die Stämme, verrenken die Äste, werfen die Schatten wie lange, dunkel wehende Schleier über den Sand. Die Sonne entzündet mit der letzten Kraft ihrer Strahlen ein Feuerwerk von Gelb, Orange und Rot über dem Steppengras. Dann ziehen die Vorboten der Nacht ein dunkles Lila über den Himmel und nun beginnt die Wüste befreit aus der Umklammerung des Tagesgestirns zu leben.

Jeden Abend scheint es dasselbe Schauspiel zu sein, jedoch gleicht es sich nie ganz. Die Stunde zwischen Sonnenuntergang und Nachtbeginn begrüßt im südlichen Afrika jeder auf seine Weise: Geckos und Käfer verlassen ihr schattiges Tagesversteck und machen sich auf die Suche nach Nahrung; die Antilopen ziehen zu den Wasserstellen und auch für die großen Raubkatzen ist die Stunde der Jagd gekommen. Nur der Mensch beendet sein Tagwerk. Zeit für den Sundowner, ein kühles Bier auf der Veranda, umringt vom Rascheln, Knurren und Heulen der Dämmerung. Das südliche Afrika ist reich an magischen Augenblicken, die das gestörte Verhältnis des zivilisationsgeschädigten Menschen zur Natur wieder zurechtrücken: Wenn sich Zebras, Gnus und Giraffen an einer Wasserstelle drängen, über die träge und souverän von seinem Platz unter einem Akazienbusch der König der Tiere wacht; wenn nach einem Regen Tausende winziger Blüten aus dem Wüstenboden sprießen; und schließlich nachts, wenn die Sternschnuppen wie goldene Tränen über den schönsten Sternenhimmel der südlichen Hemisphäre kullern.

Als der Portugiese Diogo Cão 1486 am Kreuzkap Anker setzte, nahm er von diesem Zauber nichts wahr. Eine kahle, trostlose Wüste empfing ihn hier an der Südwestküste Afrikas; Stürme und heftiger Seegang beutelten seine Karavellen, es gab kein Wasser und auch Menschen konnten nicht gesichtet werden. Schakale und Hyänen schlichen geduldig auf Beute wartend am Strand entlang. Der Portugiese nahm die Küste symbolisch für Portugal in Besitz und segelte zurück in die Heimat. Ohne Nachschub an Wasser und Nahrung konnte er seine Fahrt nach Süden nicht fortsetzen. Zwei Jahre später umsegelte sein Landsmann Bartolomeo Diaz das Kap der Guten Hoffnung – das „Kap der Stürme" wie Diaz es nannte – er hatte den Seeweg nach Indien gefunden.

200 Jahre sollte es noch dauern, bis die ersten Europäer am Kap an Land gingen. Jan van Riebeeck errichtete einen Proviantposten für die Schiffe der niederländischen Ostindien-Kompanie, Siedler folgten und die Kolonie prosperierte. Während die Buren, so nannten sich die in Südafrika ansässigen Holländer, von der Küste aus immer weiter ins Landsinnere drängten, zeigte am kargen Südwestafrika keiner Interesse. Erst Ende des 19. Jhs. wurde schließlich die erste deutsche Handelsniederlassung an der Küste Namibias gegründet.

Die Vortrekker, jene Buren, die die Vorhut für die weiße Expansion in den schwarzen Kontinent von Süden aus bildeten, zogen mit ihren Ochsenkarren vom Kap der Guten Hoffnung stetig nach Norden. Sie waren nicht die einzigen Nomaden, die neues Weide- und Farmland suchten. Von Norden und Osten bewegten sich bantustämmige Viehzüchter und Bauern, Herero, Ovambo, Tswana und Xhosa, nach Süden. In den Hochländern Namibias und Südafrikas schlossen sich die gegenläufigen Wanderungen wie eine Klammer um die Menschen, die als Südafrikas Ureinwohner gelten, die San (Buschmänner) und die Khoikhoi (Hottentotten), deren Nachfahren in Namibia heute Nama genannt werden. Schritt für Schritt wurden sie abgedrängt.

Schließlich mehrten sich auch die Konflikte zwischen Weißen und Schwarzen, es gab Kämpfe, ja regelrechte Schlachten. Nur die San zogen sich wehrlos immer weiter zurück in Regionen, die so unwirtlich und unzugänglich waren, dass niemand ihnen folgen mochte. In Hochtälern und Kluften der Gebirge, in der Weite der Namib und der Kalahari versuchten sie die Invasion zu überleben. Was von den Jagdlagern der kleinwüchsigen Jäger mit der gelblichen Haut übrig blieb, sind die Bilder, die sie in Felswände geritzt oder an Überhänge und Höhlen gemalt haben: Geheimnisvolle Graffiti einer Kultur, deren Symbolik heute niemand mehr entziffern kann, nicht einmal mehr die San.

Bis zum Beginn des Ersten Weltkriegs in Europa war Südafrikas Landkarte politisch dreigeteilt: Im heutigen Namibia saßen die Deutschen, Botswana stand unter britischer Verwaltung und in Südafrika hatten sich die Burenstaaten Transvaal und Oranje sowie die englisch dominierte Kapkolonie zur Südafrikanischen Union zusammengeschlossen. 1915 marschierten südafrikanische Truppen auf der Seite der Briten in Deutsch-Südwestafrika ein. Bald hatten die Deutschen kapituliert; Namibia gehörte fortan als Mandatsgebiet zu Südafrika: Die Politik der Apartheid bestimmte nun das Leben der Namibier. Nur Botswana blieb als britische Kolonie von dieser Entwicklung verschont. Den Unterschied spürt man noch heute: In Botswana fehlen die harten Trennlinien zwischen Schwarz und Weiß.

Steinige Böden und Mangel an Wasser, Überfälle von feindlichen Stämmen und Kämpfe mit Raubtieren – auf den ersten Blick erscheint rätselhaft, was die Siedler in die Einöde Namibias und Botswanas trieb. Mit Dämmen und Bohrlöchern versuchen die Farmer, das nötige Wasser für die Herden und die Felder heranzuschaffen. Gemessen an europäischen Verhältnissen sind die meisten Bauern Großgrundbesitzer und dennoch sind viele so arm, dass sie in schlechten Regenjahren Arbeit in der Stadt suchen müssen um ihre Familien zu ernähren.

Viehzucht ist das wichtigste Standbein der Farmer, doch der eigentliche Reichtum des südlichen Afrika liegt in seinen wertvollen Bodenschätzen: Diamanten am Oranje, in der Namib und im botswanischen Orapa; Gold, Diamanten und Platin in den Minen im Norden der Republik Südafrika. Nach der Entdeckung der ersten Diamanten wurde das südliche Afrika von einem wahren Diamantenfieber heimgesucht. Jeder steckte seinen eigenen, kleinen Claim ab und buddelte mit den anderen um die Wette. So enstand Kimberley, eine mondäne Diamantenstadt um das Big Hole, mit achthundert Metern Tiefe und 473 Metern Durchmesser der größte von Menschenhand gegrabene Krater der Welt. Das war auch der Anfang von Kolmanskop, einer schmucken Jugenstilsiedlung, die sich zwischen den Sanddünen der Namib ausbreitete.

Die Mine von Kimberley ist versiegt und die Zeit der kleinen Glücksritter ist ebenfalls schon lange vorbei. Heute arbeiten multinationale Unternehmen an der Bodenschatzgewinnung, auch in Namibia. Mithilfe hochtechnologischer Anlagen holt man die wertvollen Steine aus dem Uferschlick des Oranje. Kolmanskop ist eine Geisterstadt. In den Jugenstilvillen der Diamantenmillionäre stehen Türen und Fenster offen; der Wind weht Sandberge an, verschüttet Tische und Stühle, umschmeichelt die Giebel und Erker. Die Wüste Namib erobert das verlorene Terrain zurück. Nur noch die Hyänen scheinen sich an die große Zeit des Städtchens zu erinnern: Rastlos schleichen sie nachts durch die sandverwehten Straßen und suchen in den Winkeln der Häuser nach Abfällen, von denen sich ihre Vorfahren um die Jahrhundertwende gut ernährt haben.

Eine Reise durch das südliche Afrika führt durch Wüsten und Gebirge, an denen der Wind seit Jahrtausenden sein Werk der Erosion verrichtet, durch weite, grasbestandene Ebenen, in denen Elefanten und Büffel weiden, durch dichte immergrüne Laubwälder und schilfbestandene Flüsse und Seen, wo Tausende von Vögeln nisten und Flusspferde friedlich grasen. Sie führt aber auch zu Menschen, die ihre Würde gegen die Knute der Apartheid verteidigen mussten, und zu jenen, die hier ihr von Gott verheißenes Land gefunden haben. Wie gesagt – die Geschichte begann vor vielen Jahrhunderten und vieles spricht dafür, dass sie ein glückliches Ende finden wird.

Hererofrauen tragen auch heute noch ihre traditionelle, viktorianische Tracht.

Straßen in die Einsamkeit am Ostrand der Namib und in den Drakensbergen

Die Küsten des südlichen Afrika zählen zu den rauhsten der Erde.

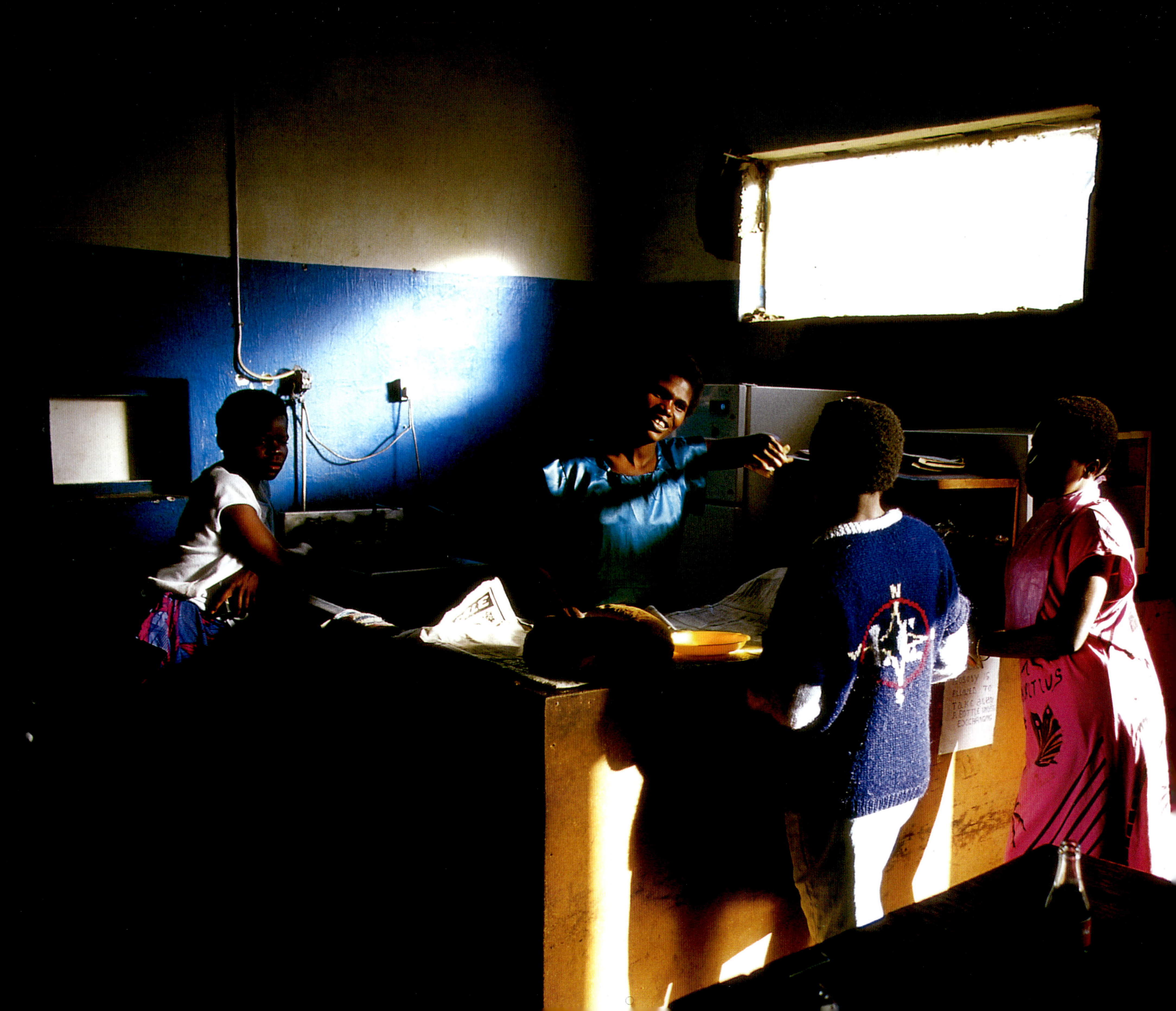

Krämerladen in Opuwo am Rande des Kaokovelds

Südafrika
Land am Kap der Guten Hoffnung

Im Jahr 1652 richtete Jan van Riebeeck den ersten holländischen Stützpunkt am Kap der Guten Hoffnung ein, es war wenig mehr als ein Proviantposten, an dem die Schiffe der Ostindischen Kompanie nochmals Ladung aufnehmen konnten, bevor sie nach Indien weitersegelten. Schon bald folgten ihm die ersten niederländischen Siedler und Ende des 17. Jahrhunderts fanden französische Hugenotten am Tafelberg ihre neue Heimat. Hundert Jahre später fiel die Kolonie an Großbritannien, wo sie bis 1931 bleiben sollte. Soweit in Grundzügen die weiße Geschichtsschreibung. Die schwarzen Bewohner Südafrikas, die Xhosa, Zulu, Ndebele und San, würden darüber wohl anders erzählen: Von den weißen Siedlern, die sich Treckburen nannten und immer tiefer in ihre Weidegründe eindrangen und die Menschen mit ihren Viehherden nach Norden drängten; von den Kriegen, die Zulu und Xhosa gegen Buren und Engländer geführt haben, von den Jahrhunderten der Versklavung und Ausbeutung und schließlich von den Jahren, in denen das Wort Apartheid ihr Leben regelte. Über dreihundert Jahre sollte dieser Kampf um Selbstbestimmung dauern, bis Willem de Klerk seinem Land 1990 das Ende der Apartheid verordnete, den Dialog mit dem ANC, dem Afrikanischen Nationalkongress, begann und schließlich Nelson Mandela nach 28-jähriger Haft aus dem Gefängnis auf Robben Island entließ. 1993 erhielten die beiden Männer für ihre Politik der Versöhnung den Friedensnobelpreis, und am 10. Mai 1994 wurde mit Nelson Mandela zum ersten Mal ein schwarzer Südafrikaner als Präsident der Republik vereidigt.

Eine frische Brise weht von der See her um den Tafelberg, ein Lüftchen, kein Sturm, wie damals, als das Kap der Stürme seinen Namen bekam. Glitzernd liegt die Metropole Kapstadt mit ihren Wolkenkratzern zu unseren Füßen, flankiert von den beiden Bergen Lions Head und Signal Hill; nur das gleichmäßige Surren der Seilbahn stört die Idylle hier oben. Wir hatten Glück, denn oft genug versteckt sich dieses schönste Panorma der Welt unter einem grauen „Tischtuch“ – so nennen es jedenfalls die Kapstädter, wenn Nebel und Wolken das erstaunlich ebene Gipfelplateau des 1087 Meter hohen Berges verhüllen. Unten in den Straßen der Metropole hat die abendliche Rush-Hour begonnen. Blechlawinen schieben sich durch die Hauptstraßen, die alle wie Spinnenbeine vom Tafelberg aus ans Meer führen. Das hat einen triftigen Grund: Ursprünglich hatten die Kapstädter ihre Straßen nämlich quer zum Tafelberg gebaut, mit der Folge, dass die vom Hang abfließenden Regenbäche die Straßen kreuzten und die Menschen ständig durch Wasser waten mussten. Irgendwann kam dann ein findiger Kopf auf die Idee, die Straßenführung zu ändern und damit das Wasser gezielt abzuleiten.

Kapstadt war im Apartheidsstaat eine Ausnahme. Hier, sozusagen im mediterranen Süden der Republik, wurden die Buchstaben des Gesetzes nicht ganz so streng ausgelegt, sah man die vorgeschriebene Rassentrennung nicht so eng wie in Johannesburg. Deshalb besitzt die Metropole weit mehr als jede andere Stadt Südafrikas ein kosmopolitisches Flair. Menschen aller nur erdenklicher Hautfarben und -schattierungen bummeln entlang der Einkaufsmeile „Strand“, hasten durch die Lobbies der Wolkenkratzer oder sitzen in den Kneipen der „Waterfront“, wo man sich abends vergnügt, wenn der Geldbeutel entsprechend gefüllt ist. Die neue Ära hat vielen jungen Farbigen und Schwarzen gute Jobs gebracht; die große Mehrheit, die man in Kapstadts Zentrum bestenfalls als Straßenkehrer, Gärtner oder Hilfsarbeiter antrifft, wartet immer noch auf ihre Chance.

Jede neue Einwanderungswelle hat Südafrika ihren besonderen Stempel aufgedrückt. Den Hugenotten kam dabei eine ganz

Der Strand von Bloumberg bietet den klassischen Blick auf den Tafelberg und das Kapland. In manchen Buchten der Kap-Halbinsel leben Pinguine.

besondere Rolle zu. Ihnen verdankt das Land seinen hervorragenden Wein! Den pflanzten die ersten Siedler an den Hängen der westlichen Kapprovinz und gründeten Städtchen wie Stellenbosch, Paarl und Franschhoek, deren Namen heute auf dem Etikett berühmter südafrikanischer Weine prangt. Man fühlt sich nach Europa versetzt in dieser Region. Inmitten tiefgrüner Reben stehen Farmhäuser mit geschwungenen Giebeln und gemütlichen Veranden, die zur Weinprobe einladen: Was so urholländisch aussieht, ist jedoch bereits vom Zusammenspiel verschiedener Kulturkreise inspiriert, denn gebaut wurden die meisten Kolonialhäuschen von malaiischen Handwerkern. Sie bereicherten die europäische Architektur mit dem Schwung des südostasiatischen Zierwerks. Auf den meisten Gütern können die Gäste köstlich zu abend speisen und auch übernachten; so ist gewährleistet, dass der tiefe Blick ins Weinglas, gefüllt mit einem Merlot oder Cabernet Sauvignon, nicht im Straßengraben endet. Mittelpunkt des Weinbaugebiets ist die kleine Universitätsstadt Stellenbosch, in einem malerischen Tal gelegen. Knorrige Eichen, Kolonialhäuschen, die gemächliche Gangart vergangener Zeiten hat sich das schmucke holländische Städtchen hervorragend bewahrt. Man mag gar nicht glauben, dass an der Universität dieses verschlafenen Ortes viele Männer büffelten, die später die politischen Geschicke Südafrikas lenkten.

Wir verlassen Stellenbosch und folgen der klassischen Gartenroute entlang der Südküste nach Westen. Hoch über dem Meer schlängelte sich die Straße durch englisch anmutende Landschaft mit hübschen kleinen Landgütern. Immer wieder laden Aussichtspunkte zu einer Rast mit Blick über Klippen und die herandonnernden Brecher des Ozeans, über Strandbuchten und Leuchttürme ein. Hinter Port Elizabeth liegen Strände und Badeorte aneinander gereiht wie die Perlen einer Kette; Surfer aller Hautfarben gleiten auf improvisierten Brettern schwerelos über die Brandung. Schließlich erreichen wir Durban, die Hauptstadt der Provinz KwaZulu Natal. Durban ist Zentrum der indischstämmigen Südafrikaner. Die Gewürze ihrer Küche liegen als feiner Hauch über den quirligen Straßen und wenn sie ihre Feste feiern, verwandelt sich Durbans Downtown in ein Meer von schrillen Farben, in dem es gongt und rasselt, als ginge morgen die Welt unter. Auch ihr liebstes Transportmittel haben die Inder sich erhalten: die Rikscha. Nur wird sie heute von muskulösen Zulu-Männern gezogen, die in einem Anfall übermütiger Maskeradesucht eigenartige, grellbunte Kostüme angelegt haben. Bestenfalls lassen sie sich als eine Mischung aus traditioneller Zulutracht und indischer Folklore beschreiben. Auch das ist Südafrika. Es fällt schwer, den an Kalifornien erinnernden Stränden von Durban den Rücken zu kehren und ins Landesinnere aufzubrechen. Aber eigentlich haben wir nun auch endgültig genug von französischer, holländischer und britischer Kultur. Unser Ziel ist das Land der Zulu, der größten Bevölkerungsgruppe Südafrikas.

Die Zulu sind ein wehrhaftes Volk. Kriegerische Tugenden wurden in der Stammesgesellschaft schon immer hoch geschätzt. Unter ihrem Führer Shaka gelang es ihnen Anfang des 19. Jahrhunderts, die anderen Stämme in ihrer Region zu unterwerfen und zeitweise sogar, die Expansion der weißen Siedler in ihr Stammesgebiet aufzuhalten. Doch in der legendären Schlacht am Blutfluss wurde 1838 die Übermacht von 10 000 Zulu von einem Häuflein von 530 Buren aufgehalten und besiegt. Über 3000 Tote zählten die Zulu, unter den Buren gab es nur einige Verwundete – ein Triumph der Feuerwaffen über Speere und Kurzschwerter

der Stammeskrieger. Noch heute herrscht in KwaZulu Natal ein König, dessen Autorität allerdings nur noch auf seiner rituellen Rolle in der traditionellen Religion beruht. Der eigentliche Zulu-Führer heißt Chief Gatsha Buthelezi. Der schärfste politische Konkurrent von Nelson Mandela ist eine schillernde Gestalt. Er wirkt immer wieder daraufhin, dass die ethnischen Gegensätze zwischen den Xhosa des ANC und den Zulu der Inkatha-Partei zu Gewaltexzessen führen.

Von der Küste steigt die Straße ganz allmählich hinauf auf die Hochebene der Randstufe, die in der Ferne von den schroffen Spitzen der Drakensberge beherrscht wird. Ein sanft gewelltes Hügelland empfängt uns, abgeerntete und brandgerodete Felder, Nguni-Rinder auf der Weide, dazwischen die Braun und Weiß leuchtenden, mit Stroh gedeckten Hütten der Zulu. Schrill hupende Buschtaxis kommen uns entgegen, überholen in halsbrecherischen Manövern, dicht bepackt mit Menschen. Auf den Feldern arbeiten Frauen, gekleidet in einer Mischung aus moderner und traditioneller Kleidung. Die meisten Männer haben einen Job in den Gold- und Diamantenminen, viele hundert Kilometer entfernt. Zululand ist außerordentlich dicht besiedelt, es gibt keinen Hügel, auf dem nicht ein Kraal Platz gefunden hätte. Dann ist Ulundi, der „Hohe Platz", erreicht, früher die Hauptstadt des Königreichs. Mehrere Herrscher sind in der Umgebung begraben, doch ihre Kraals haben die Engländer dem Erdboden gleichgemacht. Erst allmählich besinnt man sich auf den historischen und touristischen Wert der ehemaligen Königsresidenzen. Umgungundhlovu, der Kraal des Zulu-Königs Dingane, wird gerade als Touristenattraktion restauriert und in Shakaland, das in einer Fernsehserie über Shaka Zulu als Drehort diente, steht eine komfortable Lodge, die ihren Gästen mit Stammestänzen „authentische" Zulu-Kultur präsentiert. Ob Shaka-Zulu, der „schwarze Napoleon", diese neue Einnahmequelle für seine Leute gutgeheißen hätte? „Ich gleiche einer großen Wolke, in der Donner grollt. Niemand kann sie aufhalten, das zu tun, was sie will. So auch ich. Ich betrachte die Völker, und sie zittern", soll Shaka gesagt haben. Wahrscheinlich hätte er den traditionellen Kriegsruf der Zulu angestimmt und die Bastion der Weißen gestürmt.

Nächtlicher Blick vom Tafelberg auf Kapstadt

Der Chapmans Drive gilt nicht nur unter Motorradfahrern als eine der schönsten Küstenstraßen der Erde.

Das alte Hafenviertel „Victoria & Albert" in Kapstadt wurde aufwendig restauriert und ist heute ein beliebter kultureller Treffpunkt.

Die Ideale des heutigen Südafrika
erinnern an die der Vereinigten Staaten
von Amerika.

Unterhalb der Zwölf Apostel liegt Camps Bay, einer der Traumstände von Kapstadt.

Auch im heutigen Südafrika kann die
schwarze Bevölkerungsmehrheit
von gerechten Lebensbedingungen
nur träumen.

Enjoy
REGD. TRADE MARKS

Das Weingut von Boschendal ist bekannt für seine erlesenen Kapweine.

"Sweef soos 'n arend.
vant sy liefde dra jou."

Der Truckfahrer und sein Tankwart

Die Drakensberge im ersten Schnee -
fotografiert aus dem offenen Helikopter.

Botswana
Das Okavango-Delta – Vom Zauber des Wassers

Wie mit dem Lineal gezogen durchschneidet die Grenze zwischen Namibia und Botswana den nördlichen Teil der Kalahari-Wüste ein hoher Zaun, an dem in regelmäßigen Abständen Leitern hinauf- und auf der anderen Seite wieder hinunterführen. Buschmannleitern nennt man diese bizarre Konstruktion im südlichen Afrika. Sie soll kitten, was das Gerangel der Kolonialmächte um Einflusssphären in diesem Gebiet angerichtet hat. Die Grenzlinie zwischen deutschen und britischen Interessen hat nicht nur ein Stück Wüste unterteilt, sie hat auch den Lebensraum der San, der Buschmänner, einfach halbiert und zwei verschiedenen Ländern zugesprochen. Die Menschen, die wahrscheinlich schon seit Jahrtausenden in der Kalahari jagen und Wurzeln und Beeren sammeln, konnten plötzlich nicht mehr ihren traditionellen Wanderpfaden folgen, ohne Ausweispapiere vorzuweisen, die sie natürlich nicht besaßen. Irgendwann hatte die Politik schließlich ein Einsehen. Die Leitern wurden aufgestellt, und seither klettern die letzten San, die noch das Leben ihrer Vorfahren führen, über den Grenzzaun, wenn sie Verwandte besuchen oder im Nachbarland jagen wollen. Die Kalahari ist zumindest für diese kleinen Jäger wieder die grenzenlose Wüste, die sie ursprünglich war.

Wäre da nicht der tiefe, feine Sand, durch den unser Geländewagen pflügt wie ein Schiff auf hoher See, wir würden kaum glauben in einer Wüste zu sein. Die hohen schlanken Stämme von Dolfholz und Manketti-Bäumen beschatten die Piste und durch das Buschwerk glitzern Tümpel und Wasseradern. Je näher wir dem Binnendelta des Okavango kommen, desto üppiger, bunter wird die Szenerie: Das Vogelkonzert am frühen Morgen, Antilopen, Affen, Warzenschweine und Elefanten links und rechts der Piste und oft genug auch den Weg versperrend, so muss das Paradies ausgesehen haben. Der Okavango entspringt im Hochland von Angola, fließt von dort auf einer 1800 Kilometer langen Reise nach Südosten und versickert schließlich in einem 17000 Quadratkilometer großen Binnendelta in der Kalahari. Hunderte von Flüsschen, Bächen und Rinnsalen schaffen in der Wüste eine fruchtbare Oase. Wenn es im Quellgebiet des Okavango regnet, wird aus dem Fluss ein mächtiger Strom, der das Delta in eine riesige Wasserfläche verwandelt. Wie Inseln ragen dann die Hügelkuppen aus dem Meer in der Wüste und das Wild zieht in großen Herden von den mageren Weiden in dieses Schlaraffenland der Tiere.

Umsteigen in ein Mokoro, den traditionellen Einbaum der Tswana. Es ist das einzige Transportmittel in dieser Welt aus Wasser, Papyrus und Schilf. Besonders stabil sieht er nicht aus und die Vorstellung Flusspferden oder Elefanten zu begegnen, die uns übel wollen, erscheint in dem schaukelnden Gefährt, das höchstens eine Handbreit über der Wasserlinie liegt, nicht gerade reizvoll. Mit präzisen Bewegungen führt unser Guide Joseph das Boot über die spiegelglatte Wasserfläche, lenkt es in einem schmalen, papyrusbestandenen Kanal durch zwei Inselchen hindurch und erreicht eine breitere Flussader. Zarte Blüten treiben auf der Wasserfläche, zwischen den Schilfhalmen blitzen vorwitzige Sonnenstrahlen, ein Reiher fliegt mit heiserem Krächzen über unsere Köpfe hinweg und der lässige Joseph wirkt plötzlich sehr wach. Wir brauchen einige Zeit, bis wir in der glitzernden und schimmernden Wasserwelt entdecken, was ihn aus seinem Gleichmut gebracht hat: Keine dreißig Meter entfernt plantschen Elefanten im grünen Schatten einer Insel. Giraffen knabbern an den Blättern der Akazien, geistesabwesend wie ein würdiger Gelehrter stolziert ein Marabut zwischen den äsenden Büffeln. Wie in einem Film gleiten Landschaft und Tiere an uns vorbei. Sprachlos beobachten wir eine träge vor sich hindümpelnde

Flusspferdfamilie; Pelikane keifen schnatternd um einen Fisch, bis Joseph sie übermütig mit dem Boot auseinander treibt; ein einsames Zebra galoppiert mit klagendem Wiehern am Ufersaum entlang. Sie sucht wohl ihr Baby, meint Joseph achselzuckend und zeigt auf eine Sandbank, auf der zwei große braungrüne Echsen ihre Siesta halten. Den Krokodilen hat es offensichtlich geschmeckt.

Schließlich ist das Nachtlager erreicht. Auf der Insel stehen Zelte und ein Braaiplatz bereit, einfache Buschtoiletten, kein Zaun. Der Besuch von Wild ist bei dieser Übernachtung inbegriffen. Abends entfacht Joseph ein Feuer und ermahnt uns, nicht zu weit vom Lager wegzugehen. Immer lauter wird das Lärmen der unsichtbaren Tiere, das röchelnde Röhren und Stampfen kämpfender Springböcke, das Schnattern der Affen und Vögel, das Kichern einer Hyäne, das Plätschern, wenn ein Tier ins Wasser gleitet. Wenn wir nachts Elefanten hörten, sollten wir uns ruhig verhalten, gibt uns Joseph noch mit auf den Weg in den Schlafsack. Beruhigend fügt er hinzu, dass sich die grauen Riesen ohnehin so lautlos bewegten, dass man sie gar nicht hören könnte. Angespannt lauschen wir in die Nacht jenseits der Zeltplane. Neugier und ein bisschen Angst halten uns wach, aber schließlich gewinnt die Müdigkeit die Oberhand. Vom Besuch der Elefanten – sichtbar an den Spuren am folgenden Morgen – merken wir nichts.

Immer wieder haben die Menschen versucht das Okavango-Delta effektiv zu nutzen. In den Randbereichen treiben die Tswana Ackerbau und Viehzucht und natürlich holen sich auch die Fischer reiche Beute aus den Flüssen. Gefährlich wird es für das ökologische Gleichgewicht der Region, wenn Wasser in größeren Mengen entnommen wird: Im Süden des Deltas wird seit Mitte der achtziger Jahre Wasser für die Diamantenminen in der Kalahari und für die Bewässerung von neuem Ackerland abgezapft und in den Schubladen südafrikanischer Politiker liegen die Pläne für eine Wasserleitung vom Delta nach Pretoria. Auch der westliche Nachbar Namibia will an den Gaben des Okavango teilhaben. Der Fluss fließt auf etwa 400 Kilometer Länge durch Namibia und könnte das dürregeplagte Land mit dem dringend benötigten Nass versorgen. Beide Projekte hätten den Tod des Deltas zur Folge; die grandiose ökologische Nische inmitten der Halbwüste wäre damit zerstört.

Zurück in jenen Teil der Kalahari, der nicht vom Okavango profitiert. Durch Steppenlandschaft quält sich unser Wagen Sandrippen hinauf und wieder hinunter vom Delta nach Norden. Die Dünen der Kalahari sind mit Buschwerk und Bäumen bewachsene, statische Gebilde, die entstanden sind, als dieser Teil des südlichen Afrika unter einer Trockenperiode litt. Heute fällt über vielen Teilen der Kalahari ausreichend Regen und auf den sandigen Böden können Gras, Büsche und sogar Bäume überleben.

Weite Teile von Botswana werden von der Kalahariwüste dominiert.

Unser Ziel sind die Tsodilo-Hills westlich des Deltas. Die vier Inselberge, „Vater“, „Mutter“, „Kind“ und ein namenloser Hügel, haben seit Tausenden von Jahren den Bewohnern der Wüste Zuflucht und Wasser geboten. Ein magischer Platz für die San, die an den Felswänden mit über 2000 Felsbildern verewigt haben, was ihr Leben bestimmte: die Wanderungen des Wildes, die Zauberkraft ihrer Heiler, die Tänze der Frauen. Den „Louvre der Kalahari“ hat der Schriftsteller Laurens van der Post die Tsodilo-Hills genannt. Die Künstler von einst waren Jäger, die tagelang der Spur einer Antilope oder eines Löwen folgen konnten. Sie kannten Heil- und Nährkräfte unzähliger Pflanzen, Wurzeln und Beeren, sie ließen sich von einem winzigen Vogel, dem Honigesser, zu versteckten Bienenstöcken führen und teilten mit

ihm den erbeuteten Honig. Kein anderes Volk des südlichen Afrika lebte so sehr mit der Natur verbunden wie die San, und kein anderes Volk hat einen so erschütternden Niedergang erlebt.

Wellblechhütten, abfallübersäte Staubstraßen, apathische, vor sich hinstierende Menschen mit dem glasigen Blick der Trunkenheit, bettelnde Kinder: Die Siedlung der San ist ein elendes Loch, nur wenige Schritte von den Zeugnissen ihrer Vergangenheit entfernt. So perfekt die Jägergemeinschaften die Anpassung an die Bedingungen vollzogen hatten, die von ihrer natürlichen Umwelt diktiert waren, so hilflos stehen sie den Anforderungen gegenüber, die das moderne Leben ihnen abverlangt. Sie ertragen es kaum in großen Gruppen in einem Dorf zu wohnen, war doch früher der Familienverband die Gemeinschaft, in der man lebte und jagte. Sie verstehen die Prinzipien der Viehhaltung oder des Feldbaus nicht, weil ihnen bislang die Natur das benötigte Fleisch, die Wurzeln und Kräuter zur Verfügung gestellt hatte. Ihre Fähigkeiten liegen darin die Sprache ihrer Umwelt richtig zu entziffern – Tierspuren, kleine Veränderungen in der Bodenstruktur, das Flugverhalten der Insekten und Vögel – und den Zeichen dorthin zu folgen, wo es Nahrung gibt. Nun sitzen sie in viel zu großen Siedlungen und sollen Vieh hüten, Felder bebauen und nicht mehr wandern, damit die Kinder eine Schule besuchen können. Nur wenige San haben den Sprung in die neue Lebensform geschafft; die meisten sind daran zerbrochen. Alkohol, der Seelentröster in dieser eng und kalt gewordenen Welt, hat innerhalb weniger Jahrzehnte eine Kultur zerstört, die zuvor Jahrtausende überdauert hatte.

Jetzt, wo es schon zu spät scheint, bemühen sich einige wenige engagierte Weiße, den letzten Buschmännern den Übergang von der Traumzeit in die Moderne zu erleichtern. Für die jungen afrikanischen Nationalstaaten – Namibia, Botswana und Südafrika – sind die San dennoch nicht mehr als Tagdiebe, die sich nicht eingliedern lassen. „Es ist ein Traum, der uns träumt", sagte ein Buschmann zu Laurens van der Post über die Zerstörung seiner Kultur. Ob dieser Alptraum doch noch ein gutes Ende nehmen kann?

Das Okavango-Delta zählt zu den schönsten Naturlandschaften des südlichen Afrika.

Die Randgebiete des Okavango-Delta werden von Bauern- und Fischervölkern bewohnt.

Die Morgendämmerung taucht die amphibischen Landschaften des Okavango in ein fast unwirkliches Licht.

Für viele Besucher ungewohnt: Im Okavango-Delta geht man auch zu Fuß auf die Suche nach Tieren.

Löwenmutter mit Kind im Chobe-Nationalpark

Die Kultur der San ist an der modernen
Zivilisation zerbrochen. Nur noch
wenige San streifen als Jäger und
Sammler durch die Kalahari.

Eine historische Eisenbahnbrücke
verbindet an den Victoriafällen die
Nachbarländer Zimbabwe und Sambia.
Auf ihr drängen sich heute Touristen
zum ultimativen Bungee-Sprung.

Namibia
Herbes Paradies am Atlantik

In einer weiten Schleife schwebt das Flugzeug über das grün geäderte Binnendelta des Okavango nach Südwesten auf die graugelben Sandrippen der Kalahari zu. Von oben sieht die Kalahari aus, als hätte jemand mit einer überdimensionalen Harke um das Hochland herum Ordnung geschaffen. In den Dünentälern zeigen schwarze und grüne Flecken die Stellen an, wo ausreichend Wasser vorhanden ist um die Wüste zum Blühen und Grünen zu bringen. In Richtung Westen steigt das Land allmählich an, es wird felsiger und bräunlich. Hier und da befinden sich einsame Kuppen, dazwischen Gehöfte, und in der Ferne stehen schwarz gezackt die Gipfel der Randstufe gegen den Himmel. Die Luft ist so klar, dass sogar das Gitternetz der Farmzäune vom Flugzeug aus zu erkennen ist – kein Quadratkilometer des Hochlandes ist davon verschont. Namibia, das ist Abenteuer gepaart mit dem Ordnungssinn passionierter Farmer – ein Anachronismus? Keineswegs.

Wie die meisten anderen Passagiere haben wir nach der Landung in Windhoek unseren Mietwagen übernommen, haben ihn mit Proviant und Gepäck beladen und sind dann sehr vorsichtig die ersten Kilometer auf der „falschen" Straßenseite durch den Großstadtverkehr der gemächlichsten der afrikanischen Hauptstädte zu der Ausfallstraße nach Westen gefahren. An das Gefühl auf der linken Seite zu fahren, muss man sich erstmal gewöhnen, und noch zwei Wochen später steuern wir in Krisensituationen instinktiv auf die vertrautere, rechte Fahrspur zu. Für Stunden sehen wir kein anderes Fahrzeug, begegnen nur noch Pavianhorden, die schrill schnatternd von der Straße flüchten und das Auto mit Unrat bewerfen.

Gebirge türmen sich auf, streng hintereinander gestaffelt, unwirtlich schwarz. Das Asphaltband der Pad, der Straße, windet sich hier wie eine silbern glitzernde Schlange an den Bergflanken entlang und in scharfen Serpentinen hinunter in die Ebene, die von hier oben kaum zu erahnen ist. Der Gipfel des Gamsbergs ist von dunklen Wolken verhüllt; Windböen fegen über das kurze Steppengras, auf der Weide drängen sich die schwarzweiß geflecken Holsteiner Rinder dicht aneinander, als sich die Spannung in Blitzen entlädt. Mitten in der namibischen Trockenzeit geht am Rand der Wüste ein Wolkenbruch hernieder. Es dauert nur wenige Minuten, dann verwandelt sich das Stakkato des Gewitterregens in leichtes Tröpfeln, die Sonne bricht durch und bescheint unseren Weg auf der nun glitschigen Pad hinunter in die Ebene der Namib. Wegweiser führen in der nun sauber gewaschenen Landschaft zu Farmen mit Namen wie Corona oder Weißenfels. Am Horizont schimmert die Wüste Namib.

Namib, die Ebene, nennen die Nama die Wüste, die das zentralnamibische Hochland nach Westen begrenzt. Auch sie hat fruchtbare Orte, kleine Oasen und Flusstäler, die mit dem Wasserstand grünen und wieder verwelken. Seit mehreren hundert Jahren lebten hier verschiedene Clans der Nama, bevor sie Ende des 19. Jhs. von deutschen Händlern mithilfe einiger sehr zweideutiger Vertragsklauseln um ihr Land gebracht wurden. Joseph Fredericks war der erste Nama-Häuptling, der sich zu dem Geschäft überreden ließ. Einen Teil des Stammesgebiets entlang der Atlantikküste, das er selbst für eine unfruchtbare Wüstenei hielt, verkaufte er am 1. Mai 1883 an Heinrich Vogelsang. Dieser gründete Lüderitzbucht, benannt nach seinem kaufmännischen Auftraggeber Adolf Lüderitz, begann einen schwunghaften Handel mit den Volksgruppen im Hochland – anderen Nama-Clans und den rinderzüchtenden Herero – und belegte alle Waren, die durch seinen Hafen und sein Gebiet gingen, mit Steuern. Erst da verstand der Nama-Häuptling, was „Verkauf" tatsächlich bedeutet – er hatte kein Zutrittsrecht mehr zu seinem Land, dies betraf übrigens nicht nur den schmalen Streifen, den er verkauft zu haben glaubte, sondern ein Gebiet von insgesamt 150 Kilometer Breite, das tief in die Weidegründe seines Volkes hineinreichte. Vogelsangs Vertragsentwurf basierte nicht auf der englischen Meile, der einzigen Längeneinheit, die der Nama kannte, sondern auf der fünfmal so langen geographischen.

Die Geschichte der deutschen Kolonie begann mit einem Schwindel und in ähnlicher Manier ging es weiter, bis sich Bismarck endlich entschloss seinen Landsleuten in Südwestafrika Unterstützung zu schicken. Diese nahte 1889 in Gestalt von Leutnant von François und der 21 Mann starken „Schutztruppe". Er bezog im Tal von Klein-Windhoek Quartier und versuchte Ordnung in die konkurrierenden Interessen von Siedlern und Händlern, Nama und Herero, Missionaren und Großwildjägern zu bringen – eine schwere Aufgabe, denn damals, so François, ließ keiner ein gutes Haar am anderen. Wahrscheinlich gehören Misstrauen und eine Portion Missgunst einfach dazu, wenn man in unwirtlicher Landschaft und so weit entfernt voneinander siedelt. Wochen und Monate war man allein auf der Farm, bis zu 50 Kilometer entfernt vom Nachbarn, umgeben von einigen Landarbeitern mit ihren Familien, den Hunden und dem Vieh, das Eigenbrötlerische wird dadurch nicht geringer.

„Willkommen, ich heiße Meike" – eine junge blonde Frau empfängt uns mit herzlichem Handschlag, gar nicht verschlossen, sondern mit offenem Lachen am Eingangstor der Gästefarm Ababis. Am Rand des Naukluft-Gebirges liegen Farmhaus und Gehege, in denen die Familie neben Rindern auch Strauße züchtet. Etwas abseits stehen Rauchfahnen über der Werft, der Siedlung der Landarbeiter, die sich um Farm und Vieh kümmern, während ihre Frauen den Haushalt bei Meike besorgen. Farmersfrau zu sein bedeutet in dieser Einöde, alles selbst zu können – vom Brotbacken über Erste Hilfe bis hin zu Hebammendiensten bei Mensch wie bei Tier. Und nun auch noch Gästefarm – Meike und Klaus hatten Pech in den letzten Jahren, der Regen blieb aus, das Vieh verendete, die Gäste aus „Übersee" sollten die Löcher stopfen und vielleicht auch ein bisschen die Einsamkeit mildern, hier, wo die Wüste beginnt.

Abends nach getaner Arbeit treffen wir uns mit der Farmersfamilie am Abendbrottisch. Es gibt Oryx-Gulasch, ein köstliches und auch preiswertes Gericht, denn geschossen hat Klaus die große Antilope selbst. „Wir sind Fleischesser" beschied uns einmal ein namibischer Farmer. Das wichtigste, was seine Kinder zu lernen hatten, war schießen. Als der Sohn mit dem ersten selbsterlegten Kudu nach Hause kam, war das ein Festtag für die ganze Familie. Jagen ist nach dem abendlichen Grillen, dem Braai, und den immerwährenden Klagen über schlechte Regenjahre die drittwichtigste Leidenschaft in Namibia und dies wohl bei allen Bevölkerungsgruppen. Das hat praktische Gründe: Ein zu großer Wildbestand auf der Farm nimmt dem eigenen Vieh das wenige Futtergras und außerdem geben Kudu, Oryx-Antilope und Springböckchen köstliche, nach den Kräutern der Wildnis duftende Braten ab, die nicht mehr kosten als die Kugel und die Zeit, die man investieren muss, um sie zu erlegen. Die Jagd hat in Namibia eine völlig andere Bedeutung als bei uns. Sie dient dem Lebensunterhalt und ist dadurch legitimiert. Rinder und Strauße sind das Kapital – daran wird nur im Notfall gerührt, gegessen wird das, was die Natur kostenlos bereithält.

Die Sorgen und Probleme des Tages vergessen und sich den immer gleichen Fragen der Gäste stellen, das Familienleben jeden Abend mit Gästen teilen, das ist die Kunst des Gästefarmers: Meike und Klaus beherrschen sie. Natürlich wollen wir wissen, wie viele Rinder sie haben, wie groß die Farm ist, was eine junge Deutsche hält auf diesem furchtbar trockenen Land, weitab von den Vergnügungen und Annehmlichkeiten einer Großstadt. Die Rinder verenden zu sehen, weil es schon wieder keinen Regen gibt, mit den Arbeitern feilschen, damit sie ihre Kinder zur Schule schicken, das Haus mit Giftschlangen und Skorpionen teilen – wo liegt da der Reiz? Und welches Recht haben sie, die Deutschen in Namibia, dieses Land, das ihre Vorfahren mit Gewalt an sich gebracht haben, als ihr eigenes zu bestellen? Eine Frage, die in Namibia niemand gerne hört, denn schließlich sind die hier lebenden Weißen seit drei, vier Generationen in diesem Land zuhause und leiten daraus das gleiche Eigentumsrecht ab, wie sie es den Nama, Herero und Ovambo zugestehen. Nur besitzen die meisten schwarzen

Namibier kein Land. Sie bearbeiten es nur – für die Weißen, die ihre Vorväter vertrieben haben. Der Schatten der Vergangenheit legt sich über den Abendbrottisch und wird trotzig beiseite gewischt – dieses Problem werden die Kinder lösen, die ersten, die in einem unabhängigen Namibia aufwachsen dürfen, die ersten, die versuchen, die Gleichberechtigung von Schwarz und Weiß zu leben. Die letzten Strahlen der Sonne färben die Zinnen der Naukluft dunkelviolett, aus der Ferne dringt das Heulen der Schakale zu uns auf die Veranda, unruhig meckern die Strauße den unsichtbaren Jägern entgegen. Für Meike und Klaus ist diese verzauberte Abendstimmung wohl der Trost für all die Fragen, den Ärger und die Probleme, die das Leben auf Ababis mit sich bringt.

Zwei Stunden vor Sonnenaufgang geht es am nächsten Morgen weiter zu einer der spektakulärsten Landschaften Namibias, dem Sossusvlei. Fast die gesamte Namib-Wüste – die Kiesebenen in Zentralnamibia, das Sandmeer im Süden und das Naukluft-Gebirge am östlichen Namibrand – stehen unter Naturschutz und bilden zusammen den größten Nationalpark Afrikas. Im trüben, grauen Licht der Morgendämmerung passieren wir ein Eingangstor zum Naturschutzgebiet und folgen dem unsichtbaren Lauf des Flusses Tsauchab durch Wüstenlandschaft immer tiefer hinein in die Dünenwelt der Namib. Ein breites Tal, gesäumt von verdorrten Akazien, bezeichnet den Weg, den das Wasser nimmt, wenn der Tsauchab in guten Regenjahren *abkommt*, das heißt, zu fließen beginnt und schließlich im *Vlei* einen kleinen See bildet. 1997 war es nach vielen mageren Jahren endlich wieder so weit. Es hatte so ausgiebig geregnet, dass auch am Sossusvlei Wasser stand. Tausende von Namibiern pilgerten ans Vlei, um dieses Naturwunder, auf das sie zehn Dürrejahre lang gewartet hatten, zu sehen.

Links und rechts der Piste türmen sich Sandberge zu imposanten Gebilden – die höchsten Sterndünen der Welt sind hier versammelt. Wie riesige Kraken strecken sie ihre Arme in alle Himmelsrichtungen. Es sind statische Gebilde, anders als die Wanderdünen, die man sonst aus Wüstenlandschaften kennt. Winde bewegen sie kaum und so kommt es, dass jeder Schritt, jede Fahrspur auf Jahre hinaus in diesen Sandgebirgen konser-

Ohne Motorrad oder Auto ist das extrem dünn besiedelte Namibia nur schwer zu bereisen.

viert werden. Vor uns sind bereits Lebewesen über die goldbraunen Dünenrücken gelaufen und haben mit ihren Füßchen auf dem unberührten Sand ein filigranes Spitzenmuster hinterlassen. Skorpione, sagt ein Kenner – und der kurze Zauber des frühen Morgens ist mit dieser Bemerkung jäh dahin. Auch kommen Zweifel auf, ob der ursprüngliche Plan, die Düne auf dem Hosenboden wieder hinunterzurutschen, so gut durchdacht war.

Hoch oben auf dem Kamm der Düne blicken wir über eine schweigsame, tote Welt. Wie erstarrte Wellen staffeln sich die Dünen hinter- und nebeneinander. Dass hier Leben möglich sein soll, scheint unglaublich. Und dennoch: Zwischen den Sandhaufen führt die Hufspur einer Oryx-Antilope hindurch. Sie ist groß wie ein Pferd und kann dennoch in dieser unwirtlichen Einöde überleben. Dafür wendet sie einen ungewöhnlichen Trick an: Sie kann wie ein Kamel ihre Körpertemperatur erhöhen und der Außentemperatur anpassen. Damit verhindert sie, dass der Körper zu schwitzen anfängt und wertvolles Wasser verliert. Feuchtigkeit lagert sich in der Wüste nachts ab – also steht die Oryx tagsüber am liebsten im Schatten einer Akazie oder auf dem Kamm einer Düne und grast in der Nacht, wenn die Pflanzen die wertvollen Tautropfen aufgesogen haben. Der Schwarzkäfer, ein anderer Bewohner der Namib, baut sich auf dem Dünenkamm kopfunter auf und reckt sein Hinterteil dem Nebel entgegen, der vom Atlantik kommend über die Wüste zieht. Die auf seinem Panzer kondensierenden Wassertropfen rutschen ihm direkt ins Maul.

Endlich ist der Augenblick da, für den wir den Morgenschlaf geopfert haben, Sonnenaufgang am Sossusvlei: Vorwitzig blinzelt die Sonne über den Horizont und übergießt die Namib mit rotem Licht. Zu unseren Füßen müht sich ein kleiner Skarabäus mit seiner Mistkugel. Die Tiere der Nacht ziehen sich zurück und überlassen ihr Land der Herrschaft des Feuers.

„Die Allgemeine Zeitung von heute" – Im Wettstreit um Kunden posaunen die schwarzen Zeitungsjungen die Schlagzeilen der einzigen deutschsprachigen Tageszeitung Afrikas den hastig vorbeieilenden Menschen entgegen. Die Independence Avenue der namibischen Hauptstadt Windhoek ist ein wahrer Schmelztiegel von Hautfarben, Sprachen und Rassen, sozusagen der einzige wirklich multikulturelle Ort Namibias. Und mit ihren postmodernen Wolkenkratzern, zwischen denen einige Fachwerkhäuschen aus der wilhelminischen Epoche stehen, mit dem treudeutschen Biergarten des Thüringer Hof, der die Tradition der Ewiggestrigen hochleben lässt, und dem Spielcasino im Kalahari Sands, an dem vor allem schwarze Namibier ihrem liebsten Volkssport frönen, befinden sich hier auch die beiden Pole, zwischen denen die junge Generation der Namibier heranwächst. Früher hieß die Hauptarterie Windhoeks Kaiserstraße. Damals konnte man auch noch auf der Curt-von-François-Straße zur romantischen Heinitzburg promenieren und von dort entlang der Leutweinstraße zum Tintenpalast schlendern, dem ehemaligen Verwaltungsgebäude der Kolonie. Im Südwester Verandastil erbaut, besaß es optimale architektonische Voraussetzungen, den Beamten die Verwaltung der Kolonie so angenehm wie möglich zu gestalten, denn die Vordächer der Veranden, die entlang beider Stockwerke die Vorderfront schmücken, gaben genug Schatten, um die Wände zu kühlen. Dennoch waren die Beamten offensichtlich sehr behäbig und langsam und deshalb bei den zupackenden Siedlern auch nicht beliebt. Warum sonst hätte der strahlendweiße Bau einen so spöttischen Namen bekommen! Heute nutzen vor allem Schulklassen die hübsche Parkanlage vor dem Tintenpalast um sich mit Ballspielen oder Dösen die freie Zeit zu vertreiben.

Aus der Talstraße ist die Tal Street geworden und die alte Brauerei heißt heute Warehouse, sozusagen Windhoeks Antwort auf europäische Hallenkultur. Jonny Clegg ist für den Abend angekündigt, eine der bekanntesten südafrikanischen Bands, die bereits in den Jahren der Apartheid gegen den Rassismus ihrer weißen Mitbürger angesungen haben. Das Warehouse ist zum Bersten gefüllt, die Stimmung gut, es wird geraucht, getrunken, getanzt. Die Menschen feiern und flirten in allen nur erdenklichen Sprachen, Afrikaans, Herero, Ovambo, Englisch, Deutsch. Im Warehouse gibt es keine Unterschiede zwischen Schwarz, Weiß, Braun oder Gelb. So könnte das Namibia von Morgen aussehen, wenn die Politik der Versöhnung, der reconciliation, mit der Namibias Präsident Sam Nujoma sein Land 1990 in die Unabhängigkeit führte, tatsächlich greift.

Die rassentrennenden Gesetze sind abgeschafft, doch die Unterschiede in der Ausbildung und den finanziellen Möglichkeiten lassen sich nicht per Dekret nivellieren. So kommt es, dass immer noch die meisten Farbigen und Schwarzen in ihren ehemaligen Townships leben. Was früher durch Gesetze diktiert wurde, bestimmt nun der Mangel an Geld: In endlosen, einförmigen Reihen stehen die Standardhäuschen hintereinander, sie sind mit Wellblech gedeckt, in den Vorgärten behaupten sich einige Blumen gegen das Grau. Dazwischen gibt es staubige, ungepflasterte Straßen, auf denen Kinder Fußball spielen. Katutura ist „der Ort, wo wir nicht leben wollen", ein Name, den die zwangsumgesiedelten Menschen ihrer Retortenstadt vor den Toren Windhoeks gegeben haben, als sie auf Anordnung des südafrikanischen Gouverneurs 1959 ihre angestammten Wohngebiete in der Innenstadt von Windhoek verlassen mussten. Mit bunten Schildern und grellen Farben haben sie versucht, ihrem unfreiwilligen Zuhause die Uniformität auszutreiben. Auf dem großen Marktplatz ist plötzlich jenes Afrika ganz nah, dass sich in Windhoek sonst hinter der geordneten Fassade der kosmopolitischen Stadt verstecken muss: Die Menschen handeln mit Obst und Gemüse, mit Ziegen und Hühnern, mit bunten Stoffen und Klamotten aus den Altkleidersammlungen. Aus übersteuerten Boxen plärren die neusten Hits der Afro-Pop-Szene. Nach 17 Uhr ist Windhoek ausgestorben. Die Menschen verlassen Büros und Geschäfte und kehren in ihre Wohnviertel zurück. Das Leben findet dann in Katutura statt.

Schnurgerade zieht die Straße nach Nordwesten über Hügelland. Ab und an unterbricht der Granitkegel eines Inselberges das Grün, das hier in der nördlichen Hälfte Namibias das Gelbbraun der Wüste abgelöst hat. Dicht an dicht stehen beidseits der Pad die Mopanebäume mit ihren kleinen, schmetterlingsförmigen Blättern, die sich zu breiten, schattigen Baumkronen türmen. Einsame Farmhäuser lugen über das grüne Dach, gelegentlich pumpt ein Windrad an der Tränke für das Vieh. Farmzäune, wie fast überall in Namibia auch hier. Dann ist der Zauber auf einen Schlag vorbei: Eine graue Ebene liegt vor uns, der Rand der riesigen Salzpfanne Etoscha. Dass diese Einöde ein Tierparadies sein soll, können wir kaum glauben.

Früher lebten Menschen in Etoscha, die San (Buschmänner) vom Stamm der Heikom. Doch plötzlich wurden sie überfallen und alle, bis auf die Frauen, getötet. Die Mütter weinten um ihre ermordeten Kinder, und ihre Tränen flossen so heftig, dass sie einen See bildeten. Dieser See ist das feuchte Herz von Etoscha. Vielleicht würden die San ihre Legende heute etwas anders dichten: Es kann sein, dass die Mütter darin nicht um ihre verlorenen Kinder, sondern um die verlorene Heimat weinen würden. Denn Etoscha, heute der bekannteste Nationalpark Namibias, war das Jagdgebiet der Heikom, bis der Schutz bedrohter Tierarten immer stärker an Bedeutung gewann.

Heute wird Etoscha nur noch von Wild bewohnt. Tausende von Zebras, Gnus und Antilopen, Hunderte von Löwen und Elefanten und unzähliges Kleingetier teilen sich den inzwischen viel zu kleinen Lebensraum um den Tränensee.

Ankunft in Okaukuejo – typisch für Namibia: Mitten in der Wildnis eine kleine Bungalowsiedlung, Verwaltungsgebäude, gepflasterte Straßen, ein Schwimmbad. Das Camp von Okaukuejo ist eine von drei Unterkunftsmöglichkeiten im Etoscha-Nationalpark. Wir beziehen ein freundlich eingerichtetes Häuschen, besorgen gerade noch vor Ladenschluss Braaiholz und Fleisch (auch wir sind inzwischen Fleischesser) und widmen uns des Namibiers liebster Tätigkeit, dem Grillen. Die Nacht sinkt über Etoscha, und nach mehreren Dosen „Windhoek Lager" steigt die Stimmung. Die Tränke, zu der das Wild praktischerweise vor unserer Haustür zum Fototermin antritt, ist gut ausgeleuchtet. Jenseits des Zauns geben sich am Wasserloch Zebras und Springböcke ein Stelldichein. Aus der Ferne hallt ein tiefes Grollen über die Buschsavanne. Die Tiere nehmen im Wind nervös die Witterung auf, einige flüchten. Doch der König der Wildnis lässt sich nicht blicken. Später gesellen sich Elefanten zu der Gruppe an der Tränke, schließlich auch eine Nashornkuh mit ihrem Jungen. Die Auslöser der Kameras klicken.

Je näher man der Salzpfanne kommt, desto wüstenhafter wird das Land. Nur noch niedrige, salzresistente Büsche und Gräser können hier bestehen. Unzählige Flamingos sprenkeln die weißglitzernde Fläche mit rosa Tupfern; Gnus und Zebras weiden am Straßenrand und lassen sich von den Besucherautos einstau-

Die Sterndünen von Sossusvlei sind die höchsten Dünen Afrikas.

ben. In Kurven und Bögen führen Pads am Rand der Salzpfanne entlang zu den Stellen, an denen nach der Regenzeit des namibischen Sommers noch Wasser steht und sich große Herden versammeln. Vorsichtig folgen wir der Spur aus riesigen Kothaufen, die eine Elefantenherde offensichtlich erst vor kurzem hinterlassen hat. Urplötzlich bricht ein einzelner Bulle aus dem Buschwerk und überquert die Straße. Einzelgänger sind gefährlich, so sagt man. Dieser ist die Besucher in ihren Blechmonstern aber wohl gewöhnt. Neugierig beäugt er das Fahrzeug, das ihm im respektvollen Abstand folgt, und bewegt drohend die Ohren. Dann dreht er resigniert ab und schlägt sich wieder in die Büsche.

1907 wurde Etoscha zum Nationalpark erklärt, in letzter Minute sozusagen, denn seit der schwedische Naturforscher und passionierte Jäger Andersson Mitte des 19. Jh. dieses Tierparadies für sich und die ihm folgenden Waidmänner entdeckt hatte, wurde das Wild gnadenlos erlegt. Der junge Nationalpark war viermal so groß wie heute; er umschloss auch das Kaokoveld und reichte im Westen bis Grootfontein. Doch die südafrikanische Verwaltung brauchte Platz für die homelands, die ab 1970 für die einzelnen Volksgruppen eingerichtet wurden, und man teilte Dreiviertel des Nationalparks als Siedlungsgebiet für Herero, Damara und Ovambo ab. Mit knapp 22 300 Quadratkilometer Größe ist Etoscha zwar immer noch imposant, für die Tierpopulation aber zu klein. Deshalb überwindet das Wild immer wieder die Zäune und Absperrungen und weicht auf das angrenzende Farmland aus.

Für die Himba, die westlich von Etoscha im Kaokoveld ein karges Leben als rinderzüchtende Nomaden führen, ist der Umgang mit den Eindringlingen aus dem Nationalpark ein schwieriger Balanceakt. Traditionell sind die hochgewachsenen Hirten durchaus wehrhaft und sie haben es gelernt mit dem Speer einen Löwen oder gar einen Elefanten zu erlegen. Nur dürfen sie das heute nicht mehr, denn das Wild steht ja unter dem besonderen Schutz des Staates. Nun müssen sie tatenlos zusehen, wie ihre Rinder gerissen, ihre Brunnen zertrampelt werden.

Die Himba sind neben den San die letzten noch traditionell lebenden Völker Namibias. Mit ihren Herden ziehen sie in der unwegsamen Wildnis des Kaokoveld von Weide zu Weide, wo sie in kleinen, bienenkorbähnlichen Hütten aus Ästen, Lehm und Rinderdung leben, bis das Gebiet abgegrast ist. Das Vieh ist mehr als ein Wirtschaftsfaktor, es ist ein wichtiger Bestandteil ihrer Religion und ein ästhetisches Vorbild für die Menschen: Deshalb reiben die Nomaden ihre Körper mit roter Erdpaste ein. Die Haut soll glatt und glänzend sein wie das Fell eines Kalbes. Sie tragen Lederkleidung und flechten ihre Haare zu kunstvollen Frisuren, die den Status des Trägers für jeden anderen Himba sichtbar definieren. Zwei vom Hinterkopf nach vorn geflochtene Zöpfe, die wie Rinderhörner von der Stirn abstehen, tragen die jungen Mädchen. Kurz vor der Pubertät werden die Zöpfe gelöst und das Haar zu langen, mit Perlen geschmückten Fransen frisiert. Verheiratete Männer verbergen ihr zu Zöpfen gedrehtes Haar unter einem Ledertuch, nur wenn sie trauern, fällt es offen und ungekämmt über die Schultern. Auch die dreieckige Fellhaube, mit der verheiratete Himba-Frauen ihre langen Haare bändigen, soll, ähnlich wie die Frisur der Mädchen, die Hörner der Rinder darstellen. Bei den sesshaften Verwandten der Himba, den Herero, kehrt dieses Symbol in den bunten, dreieckigen Hauben wieder, mit denen die Frauen ihre viktorianische Tracht komplettieren. Diese, so sagt man, stammt aus den Zeiten, als die Missionarsfrauen ihren Schützlingen eine züchtigere Kleidung verordnet haben. Wenn sich eine ledergewandete Himbafrau und eine beleibte Herero-Matrone mit mehreren Lagen übereinander gestülpter bauschiger Röcke begegnen, kann man kaum glauben, dass beide zur selben Volksgruppe gehören. Als die ersten Weißen in die namibische Wildnis vordrangen, führten alle Herero ein Nomadenleben wie heute die Himba. Mit der Kolonialisierung kam die Sesshaftigkeit, sie brachte andere Kleidung und eine neue Religion mit sich. Nur die Himba im Kaokoveld blieben von dieser Art Fortschritt unberührt, weil ihr Land so unwegsam ist.

Inzwischen hat sich das geändert. Heute gehört das Kaokoveld zu den Touristenattraktionen Namibias. Morgens sind wir in Palmwag aufgebrochen, einer kleinen, palmenumstandenen Oase im südlichen Kaokoveld, und sind auf steinigen Pistenstraßen nach Norden gefahren. Immer herber, gebirgiger, wird die Landschaft, immer seltener das Grün von Mopanebüschen und Bushman-Trees. Ab und an setzen Blutpflaumen weinrote Farbklekse gegen das braune Gestein. Von hoher Warte aus sichern Erdmännchen die Umgebung, während ihr Clan darunter buddelt und Nahrung heranschafft. Nach vielen Stunden Fahrt kommt ein Himba-Kraal in Sicht. In respektvoller Entfernung halten wir an und warten, ob wir willkommen sind. Die Kinder sind die ersten, die ihre Neugier nicht bezähmen können; kichernd begucken sie die Fremden, fragen um Bonbons und Kugelschreiber. Energisch machen die Erwachsenen dem Treiben ein Ende. Wir übergeben Gastgeschenke – Mehl, Tabak, Zucker – und werden mit weit ausladenden Gesten ins Dorf gebeten. Die Ältesten haben sich vor den Pontoks versammelt. Es sind verwegene, hagere Gestalten, von unzähligen Falten und Runzeln gezeichnet und dennoch in Körper und Haltung ebenso kraftvoll, wie die Enkel, die die Rinder zur Weide treiben. Da sitzen wir und starren uns gegenseitig an. Welche Fragen stehen in den wachen, forschenden Gesichtern unserer Gastgeber, was halten sie von den Fremden, die in ihr archaisches Leben eingedrungen sind, und was wollen wir eigentlich hier zwischen den Hütten neben dem heiligen Feuer der Himba. Unwohlsein beschleicht uns. Hastig raffen wir die eingetauschten Lederhalsketten zusammen, verschenken noch einen Wasserkanister und ziehen weiter. Die klaren Augen der Alten folgen uns bis in den Schlaf.

Die Popa-Stromschnellen am Okavango und die Epupafälle am Kunene fallen im Gegensatz zu den meisten Flüssen Namibias niemals trocken.

Die Innenstadt von Windhoek
ist geprägt von einer eigenwilligen
Mischung aus deutscher
Kolonialarchitektur und modernen
Wolkenkratzern.

Wandwerbung für einen Friseursalon in Windhoek

In den Bäckereien von Tsumeb und
Grootfontein spricht man Deutsch.

Der Krämerladen der Hererofrau in Kaoko Otavi wirkt im Vergleich zum Spielsalon von Opuwo wie aus einem früheren Jahrhundert.

Ein weißer Farmer präsentiert das Fell
eines erlegten Geparden.
Rechts: Porträt des Bremer Kaufmanns
Lüderitz, mit dessen Landkäufen die
deutsche Kolonialgeschichte begann.

ELECTRIC
A.E. Lüderitz

Dorfszenen aus dem Damaraland

Nachtlager an der Spitzkoppe im Damaraland

Die Himba im Kaokoveld sind die letzten Nomaden Namibias.

Für die freundliche Unterstützung danken wir:

Air Namibia

BMW

Die Bilder von Michael Martin werden von der Bildagentur LOOK vertrieben

LOOK

Kapuzinerstraße 9 / 4.OG
Eingang D / Innenhof
80337 München
Tel.: 089 / 544 233-0
Fax: 089 / 544 233-22
ISDN: 089/ 544 233-33
e-mail: 101530.3616
@compuserve.com.

Wir hoffen, dass Sie beim Betrachten der wunderbaren Aufnahmen Freude hatten. Michael Martin fotografierte die in diesem Buch gezeigten Bilder mit den Kameras LEICA R 7 und LEICA R 8. Sie vereinen in sich Präzision, Robustheit und einfacher Bedienung. Dazu verwendete er ausschließlich die weltbekannten LEICA Hochleistungsobjektive, die in vielen Brennweiten vom Superweitwinkel bis zum Supertele zur Verfügung stehen. Die Leica Camera AG entwickelt und fertigt in Solms Spitzengeräte für die Aufnahme als auch die Beobachtung und Wiedergabe. Fragen zum Leica Programm beantwortet gerne Ihr autorisierter Leica Fachhändler oder der Leica Infodienst. Tel. 06442/208-111.

LEICA

Leica Camera AG   Oskar-Barnack-Straße 11   D-35606 Solms

Bildquellennachweis:
Katja Kreder: S. 21, S. 22, S. 66, S. 91, Umschlagfoto hinten
Kay Maeritz: S. 44, S. 76
alle anderen Fotos von Michael Martin
Karte: Sebastian Schrank, München
Layout und Satz: Kay Maeritz, Wiesbaden
Lithografie: Fotolito Varesco, Auer, Italien
Druck und Bindung: Graphicom Srl., Italien

ISBN 3-475-52881-9